그 들풀들 _____ 하늘만 바라보며 웃고만 있었네

송순례

책봄

시집을 내면서

 오래된 시골 마을 초가집 흙마당에서 제마음대로 돌아다니며 풀과 모이를 주워먹는 암탉이 알을 낳듯 그렇게 시를 쓰고 싶었다. 제가 낳은 알을 품고 오래도록 오래도록 둥지에서 나오지 않는, 그리하여 마침내 병아리가 나올 때 그들을 바라보는 암탉의 기쁨을, 그들을 우르르 몰고 다니며 날개 아래에 숨기는 기쁨을 누리고 싶었다.
 내가 이 첫 시집을 내기까지 나의 시세계를 이끌어준, 나의 이십대부터 푸른 그 시절에 만나 지금까지 수십년 동안 한번도 떠나지 않고 내 곁에 남아있어준, 친구이자 언니이자 신문사 동료였던 배미순 시인, 그리고 묵묵히 언제나 내곁에 있는 사랑하는 남편, 아들, 내 시의 근본이 된 말하지 않아도 먼저 다 아시는, 아직도 혼자 시장을 가시는 92세 엄마, 사랑하는 딸과 그 아들, 언니, 오빠, 그외에 사랑하는 모든 가족과 친지들… 그리고 한국과 시카고에서 언제나 날 위해 기도하고 계시는 허 목사님 내외분과, 시카고에서 오랜 시간 내 문학을 말없이 이끌어 주고 있는 언니 같은 신정순 교수, 아버지로부터 물려받았을 1930년대부터 발행된 수십 권의 시집과 책들을 내게 준 친구 김 작가, 그외 모든 문학 친구들, 늘 가슴에 근심이 쌓일 때마다 함께 모여 울고 웃고 지내는 송재화 권사님, 김이순 권사님, 김영희 권사님, 한국에 있는 어린 시절부터 성인이 되기까지 함께한 염진희를 비롯한 교회의 모든 친구들과, 나의 스무살 청춘을 보낸 대학의 기독교문학회(창조문학회)사람들… 그리고 나의 첫 시집의 평론을 맡아주신 이창봉 교수님께 진심어린 감사의 말씀을 전해 드리고 싶다.

그리고 지금은 수몰지구가 되어 없어진, 영원히 아름다운 어부동 강과 산과 시냇가를 알고 있는 사람들과 할머니 집 것덜이 마을에 함께 살았던 꼬마때 내 친구 재순이, 영순이… 그리고 어느날 밤 그 산골에서 삼촌과 고모들의 손을 잡고 따라 나온 취학전 아이인 나를 포함한 수십명의 아이들이, 그날밤 우리 마을로 싸움을 걸어오는 산 너머 시실이라는 마을 아이들을 막아야 한다며, 비장함으로 마을 앞에 모여 있었던 그 모든 아이들에게 이 첫 시집을 드린다.

차례

시집을 내면서 --- 3

겨울 강 -- 8
바람 소리 -- 9
바람 불어오는 쪽으로 --------------------------------- 11
어떻게 아침이 시작되는지 ------------------------------ 12
벼 -- 14
들풀의 옷 -- 16
바다의 교차점 -- 18
그 이름을 보네 --------------------------------------- 19
눈물의 포물선 -- 21
엄마다 --- 22
빛이 말하네 -- 24
어부동 강 -- 26
강 건너 마을 --- 27
담벼락 --- 28
흰꽃 가로수 길의 봄날 -------------------------------- 29
비누 가져와라 -- 31
아기 --- 33
엄마 품 -- 35
저 들판으로 달려간 바람이 ---------------------------- 36
시 --- 37
괜찮아 --- 38
자서전 --- 40

나무에 박힌 못	41
들판	42
바다	43
강 건너 마을	44
이른 봄날 진달래꽃	45
여백과 게으른 공간 사이	46
나무들의 언어	48
밤안개	49
어떤 죽음	50
배	51
산새	52
상한 갈대	53
오늘 나는 창문을 열고	54
길 I	55
길 II	56
길 III	57
도서관	59
하늘이, 바다가	61
강	62
민들레 꽃씨	63
이민	64
휴가	66
노트	67
오래된 책	68
삶	69
약초의 씨	70
가시들풀	71
가끔	73
문	74
약속	76
거리	77

그날 -- 78
밤 하늘 밑에는 살아 있는 별들이 있다 -------------- 79
노을이 진다는 것 --------------------------------- 80
십자가의 시간 ----------------------------------- 81
목적 -- 84
24분의 1 -- 85
가족 -- 86
빈방 -- 88
어린아이의 눈으로만 보이는 강 ------------------- 89
그 시냇가 --------------------------------------- 90
눈 -- 92
날아오르기 -------------------------------------- 93
생의 질문과 답 ----------------------------------- 95
동행 -- 97
그분의 뜻 --------------------------------------- 98
은밀한 곳에서 보시는 주님 ----------------------- 99
일출 --- 100
돛단배 --- 101
아이가 웃는다 ---------------------------------- 102
태어난다는 것 ---------------------------------- 103
소나기 --- 105
안개강 --- 106
먼지 --- 107
외출 --- 108
집 --- 110
왜냐고 물었다 ---------------------------------- 111
찾을 것 그리고 살 것 ---------------------------- 113

서평 --- 114
삶을 향한 복원력의 시학(이주, 기억, 그리고 하늘을 향한 몸짓)

겨울 강

지느러미를 내밀며
겨울 속으로 걸어 들어간 강
도장처럼 새겨져
더 깊이 흐르는 강

바람 소리

어머니
당신을 부르면
가슴 저 먼 곳에서
달려온 바람이
나무에 기대어
우는 소리가 들립니다

그 무거웠던 많은 시간들을
머리에 이고
어떻게 걸어오실 수 있었는지
자식들 입에만
먹을 것을 넣어 주던
당신의 굶주린 허연 미소가
구순을 넘기는 지금까지도
그렇게 떠날 수 없는 것인지

어머니
여전히 저는
당신에 기대어 우는
진물 같은 바람 소리입니다

바람 불어오는 쪽으로

바람이 분다
너는 거기서
나는 여기서
서로를 바라보나 바라보지 못한다
바람 불어오는 쪽으로
눈물이 서 있는가
네 등 쪽으로부터 불어오는
젖은 바람은
멀찍이 서 있는
내 얼굴을 스치며 지나가고
거기
비탈진 언덕으로부터
멈추어 버린 시간들은
천천히 오래도록
무거운 발걸음을
하나씩 떼어 내며
느리게 느리게 사라져 간다
바람이 분다
다시 오지 않을 바람이

어떻게 아침이 시작되는지

산과 산이 수없이 겹쳐진 그곳
밤새 자고 난
뭉쳐진 구름 한덩어리
아직 어스름한 산등성이 사이로
툭 던져진다
그 구름 한 덩어리
서서히 온 산을 휘돌며
하나씩 하나씩 제 몸을 풀어
하얗게 흐르는 짙은 안개 강물로
산과 산 중턱들을 감싸오른다
고요히 소리없이
부드럽게 살며시
산맥과 산맥 사이로 휘도는 안개의 무리들
아직 숲속은 고요하다

나무와 잎새 사이에
숨어있던 새들과 동물들은
잠자던 그 나무밑 풀들에게
아침을 두드리는 시간

그제야 멀리서 기웃거리며 슬며시 다가오는
아주 조그만 태양
먼저 황금빛을 산 뒤에서 하늘로 마구 쏟아 보낸 후
겸손히 얼굴을 내민다
그러나 그 얼굴에서 나오는 빛들은
얼마나 빠르게 달려가
순식간에 산과 산들을 눈뜨게 하는지
산기슭들 속에 잠자던
나무들과 새들
나무 밑 풀들은
어떻게 아침이 시작되는지를
금방 알아버린다

벼

논에 심겨진 벼는 푸른싹을 낸다지
출렁이는 물에 제 몸을 담그고
햇빛과 바람을 맞으며
부지런한 하루하루를 산다지

삼복이 시작되는 뜨거운 여름날
많이 자란 잎 사이로
중심에 두껍고 기다란 대공을 만든다지
초복을 지나온 대공은 매듭을 짓고
중복을 지나갈 대공에게 시간을 넘기고
중복을 거친 대공이 무더운 땀을 묶어 말복에게 넘기면
가장 무덥다는 말복을 견디어 낸 대공은
매듭을 지은 후 그 끝으로부터
가지를 뻗는다지
가지 끝마다 알알이 영그는 볍씨들의 무게가
짙어가는 가을을 맞으면
누런 벼이삭들은 저마다의 살아온 삶을
안으로 안으로
단단하게 단단하게

뼈처럼 굳게 다져간다지
오직 추수를 기다림으로만

추수된 볏단들이 단으로 묶여 농부의 손에 들려질 무렵
그리고 방앗간에서 알곡과 쭉정이로 갈라질 그때
미쳐 그 볏속을 알곡으로 다 채우지 못한 한 알의 벼는
무수한 다른 알곡이 벗어놓은 누런 껍질 사이로
던져지며 떨어지는 자신을 발견한다지
다시 채울 수 없는 그 한 알의 껍질을

들풀의 옷

세찬 비바람이 유리창을 흔들고
깨어지며 부서지는 소리들
밤이 맞도록
상실한 얼굴들이
어둠 속 커튼 틈으로
조심스레 밖을 내다보는 밤

그때
어디서 인지
하늘에서 땅으로 순식간에 내려지는 빛
그 빛이 언어가 되네
투명하게 통과하며
금새 방안으로 가득 부어지네
더이상 밤이 아니네

오늘 있다가 내일 아궁이에 던져질
들풀이 입을 옷을
무엇으로 입힐까를
고민하고 계시는 분

그 분이 거기 계시다는 걸
이미 알고 있었네 들풀들

그리하여
끝도 안 보이는
하얀 꽃으로 피어
하늘거리며
하늘거리며
햇살에 바람에 고개를 젖히고
하늘만 바라보며 웃고만 있었네
그 들풀들

바다의 교차점

바다의 물결들과
하늘의 빛이 만나는
그 교차점
바다의 물결들은
서로가 서로에게 부딪는 소리를
듣지 못한다네
서로의 눈물을 보지 못한다네
오직
하늘의 빛이 내려오는 그곳
그 빛에 손을 내밀때
쏟아지는 기쁨을
얻을 수 있다네
오직 그 교차점에서만

그 이름을 보네

지금껏 몰랐던
그 이름을 보네
숨겨져 있던 그 이름을

그 분의 손이
그 분 자신이
하늘과 땅 사이에 서 있는 한 사람이 되네
그 못이 되네
그 분의 형상을 하는 자가
양 손에 못이 박혀 부서져 내리며
그 약속을 실제화시키는
그 이름을 보네

구원이라는 그 이름을
모든 것의 근본이자 원천인 그 분의 손이
그분의 신성이
그분의 영이
최초의 사람을 만들고 언어를 만드네
그 이름이 사람들과 함께 사네

그리고
하늘의 모든 약속을 믿는 자들에게
그 약속을 실제화시키네
주님, 그 이름이

눈물의 포물선

눈물이 내린 등 뒤로
천천히 고개를 돌리면
처음 시작하는 약속인 듯
가까이 떠 있던 무지개
이제까지 단 한 번도 볼 수 없었던
빛의 결정체들이
커다란 연결고리처럼 이어져
탄력 있는 광채로 포물선을 그리며
하늘로 높게 뻗어 있었지
지금 또한
바람이 아픔처럼 마구 들길을 달려 나갈 때
우는 아이 달래듯
갑자기 누런 갈대 위로 떠오른 무지개
한걸음씩 한걸음씩
뒷걸음쳐 사라져가고 있네
내 눈물이 마를 때까지

엄마다

바람이 문 쪽으로 달려와
문을 흔든다
엄마다
장난감을 가지고 놀던 아이는
장난감을 휙 던져 버리고
소리 나는 문 쪽으로 달려간다
조그만 손으로 문고리를 잡고
드르륵 열어보지만
그곳은 아무도 없고
바람만 불어온다
한참을 멍하니 아이가 허공을 바라본다
조그만 아이의 뒷머리 위로
더 많은 바람이 지나간다
하루 종일 아이는
계속 달려와
문을 열고 닫는다
그때마다
아무도 없는 빈 공간으로
바람이 배회하며 지나간다

그날들이 쌓여갈수록
아이의 두 눈에 살아있던
별들이 하나둘 소리 없이 꺼지며 사라져 간다
그리고
아이의 세상은 점점 어디론가 빨려 들어간다
커다란 구덩이 같은 소용돌이 속으로

빛이 말하네

하늘에서 땅으로
내려오네 한줄기 빛
내려온 그 빛 말하네
상처준 사람들을
용서하라고

흔들리며 몸부림치는
무너져 내리는 소리들
눈물로 얼룩진 몸에
던져지는 도저한 그 한마디
쓰러져 있는 내게 다시 말하네

자아가 그 말을 거부할 때
내게 내려온 그 빛은 죽어
영원히 소멸되는 것이라고
그러나
중심에서 용서하고 받아들이면

임무를 마친 그 빛은 반사되어
하늘로 되돌아 가고
하늘에는 그 빛이 쌓여지는 것이라고
그제서야 진정한 쉼이 있는 거라고

어부동 강

앞산과 긴 모래 턱을 가진
아주 푸르렀던 강

여행에서 돌아온 사람들은
조그만 나룻배를 탔고
바람이 불 때마다
희망은 잔물결 위를
날아다녔던

어렸던 시절의
그 맑은 강
내 마음에 여전히 출렁이는
*어부동 그 깊은 강

*어부동은 지금은 수몰지역으로 일부가 물에 잠겨있는 충청도에 있는 금강의 일부입니다.

강 건너 마을

그 강가에 가 보고 싶다
맑고 푸른물이 출렁이는 어부동 그 강물 곁으로
발을 디디면 푸욱 빠져들고
고운 모래알들이 발과 종아리에 달라붙는
하얀 모래밭이 넓게 펼쳐있는 곳
지금은 수몰되어 없어지고 만
온 마을 가득 감나무가 많았던
강 건너 할머니 집으로 다시 갈 수 있다면
여름 한낮 무수한 매미들의 울음소리를 들으며
낮은 툇마루에 앉아 몰려오는 졸음을 참으리라
가을이 되면 앞마당에 멍석을 깔고
밭에서 따온 누런 콩들을 더 바싹 마르게 펼쳐 놓은 후
도리깨를 들고 콩깍지를 두드리리라
그리고 담장 위 수탉이 내려와 콩을 주어먹지 못하도록
훠어이 훠어이 소리를 내치면서
천천히 뒤돌아 가
말린 곶감을 하나씩 빼먹으며 실실 웃어보리라

담벼락

추운 겨울
불 들어오지 않는 방보다
햇살 비치는 담벼락 더 따듯해
할머니 한 분 쪼그리고 앉는다
역시 따듯한 방바닥 갖지 못한
다른 할머니 한 분
추위 이기려
이리저리 골목길
걸어 다니다
담벼락에 기대어 있는
할머니 곁으로
말없이 가 앉는다
그렇게
두 할머니
햇빛 마주하고 있다
종잇장 같은 겨울 햇빛을

흰꽃 가로수 길의 봄날

배꽃처럼 하얀 봄꽃 나무들이
가로수로 서있는 노스브룩* 한 학교 뒤에
한적한 세 갈래 길이 있다는 것을
사람들은 잘 모른다
평소에는 붐비지 않아도
꼭 그때 햇살이라도 비치는 오후가 되면
갑자기 소란스러워지는 그 거리
그리고 어디서인지 나타난
연두색조끼를 걸친 경찰관 아저씨가
그 중앙에 신호등처럼 서 있는 것도
사람들은 잘 모른다
맨 처음 연두조끼를 발견한 내 차는
그가 편 다섯 손가락을 보고
멀찍이 차를 멈춘다
가고 서는 것에 잘 길들여진
한 마리 암소처럼
마음에 들었는지 경찰관은 몸을 돌려

맞은 편서 오던 차를 마저 세운다
그리곤 숨겨놨던 갈고리를 꺼내듯
집게와 장지 손가락을 들어
나머지 한 골목을 향해 까닥거린다
그 갈고리에 걸린 수십 대의 차들이
먹이를 찾아가는 검은 개미 떼처럼
줄지어 흘러 나온다
개미집에 숨어 있던 모든 개미들이 나오듯
따듯한 봄 햇살을 등줄기로 받으며
앞서간 개미의 꽁무니를 좇아
부지런히 길을 돌아서 가는 개미 떼의 행렬
공중을 짧게 긁어 내는
저 손가락들만큼
가고 멈추는 생의 분별력을
우리 삶에 가질 수 있다면
그때 다시 연두조끼가
내 차를 향해 갈고리를 던진다
이랴, 소리를 들은 암소의 다리는
곧게 뻗은 흰꽃 가로수 길을 향해
천천히 몸을 움직인다
햇살이 흰꽃들을 살살 떨어뜨리는 봄날에

*노스브룩: 미국 일리노이주 북부지역에 있는 마을이름

비누 가져와라

엄마는 나를 키웠고
내가 못 키운 딸을 키웠고
내 딸이 낳은 손주를 지금도 키운다
생후 2개월 된 손주를 씻기며
엄마는 평생 내가 딸에게 한 칭찬보다
더 많은 칭찬을 아기에게 하신다

잘한다
잘하네
으응 잘햐
어유 잘하네
아유 힘들어요
힘들었어요
그리고는
비누가져와라
왕이 신하에게 명령하듯
아기에게 눈을 떼지 않은 채
한 팔을 옆으로 뻗으시며 말씀하신다

엄마가 한 칭찬들이 따듯한 물이 되어
아기 몸에 살 살 끼얹어질 때
응 앵 응
아기는 옹알이로 답한다
잘하네 또 해봐
수건으로 아기 몸을 두드리며 말씀하신다
여전히 눈을 떼지 않은 채

기억하려무나
네가 자라 어른이 되기까지
너는 잘한다, 라는 것을
살면서 네가 아무것도 아닌 듯 느껴질 때
생에서 아무 의미를 발견할 수 없을 때
잊지 마려무나
네가 어떠한 모습이든
네 존재 자체가
목숨처럼 소중하다는 것을

아기

바라만 보아도
네 얼굴 속으로 빨려 들어가는
모든 수식어들이 조각조각
부서져 공중으로 흩어져 버리는
엄마도
아빠도
할머니도
그 누구도
네 앞에서 너를 바라볼 때면
이상하고 높은
짧은 비음들로
본인들도 모르는
묘한 소리들을 만들어 내게 하지
아아, 너는 완전한 미소
가만히 있어도
옹알이를 해도
하품을 하기 위해
온 얼굴의 근육들을 다 움직여도
무엇이 불편한지

붉어진 주름 산을 만들어도
너는 완전한 부드러움
평화
그리고 사랑

엄마 품

멀리서도
얼굴 마주하면
주름진 얼굴사이로
눈물부터 흐르는
말하지 않아도
모두 다 들은 것처럼
소리없이 울며 달려와
나를 앉는
엄마 품
그 작은 어깨
그 작은 등의 뼈들

저 들판으로 달려간 바람이

저 들판으로 달려간 바람이
바닷물이 갈라지듯
이리저리 불며 길을 낸다면
천천히 그 길 따라 걸으며
바람 보낸 이 만나고 싶다

함께 그 길 걸으며
아직 못 쉬어낸 적재된 숨들을
마음 저 밑바닥으로부터
조금씩 꺼내어
푸른 들판으로
피어 있는 꽃들로
마음껏 달려가는 바람에게
슬며시 건네 주리라

그리하여 뼈처럼 굳은 살
부드럽게 웃는 바람으로 채우며
그 바람이 걷는 길
천천히 더듬어 따라가리라

시

모든것이 떠나고
나도 버리고
홀로 시 앞에 선다
시 한 줄이
가슴의 과녁을 통과한다
눈물이 된 글자들이
채찍의 문양들을 지우며
천천히 일어난다
다시
시가 걸어간다

괜찮아

괜찮아
너를
누가 뭐라 해도
모두가 너를 떠나든 버리든
그리고
너 홀로 남아 있어도
너를 미움의 파도로
혹은 절벽 끝으로 이끌어
네가 걷는 그 고통의 무게가
너의 한계를 넘을 때
그리하여 너 자신이 너를 상실한 채
인식하지 못한다 해도
괜찮아

보이지 않아도
네가 태어날 때부터
네가 떠나는 그날까지

너를 사랑하고
지키는 그분이 있어
변함없이 늘 그자리에서
네가 그 어떤 모습이어도

자서전

삶은 하루 하루가
하늘에 기록되고 있다지
이 땅의 생은 하나도
무의미한 것이 없다지
지금 하는 말
하는 행동
내 모든 눈물들과
분노와 독백
내 생각들
마음들이
내 삶의 모든 갯수와 질량들이

그 책에 적히고 있다지 모두

나무에 박힌 못

거기 나무에
대못이 박혀 있네
오래도록 그렇게
숨이 멎도록
고통의 무게들이
눈물의 깊이들이
붉고 검게
녹슬며 흘러내려

천천히
느리게
스며들며 새겨지네
그 나무에

바라보겠네
그 못
모두 스러질 때까지

들판

들판 가득 하얗게
조용하고 말없이
순한 하얀꽃들
흔들리며 서 있는 곳
바람과 햇빛을 마주한 채
겸허히 삶을 받아들이는 들꽃들

먼 들판 어느 뒷쪽에
몰래 핀 가시엉겅퀴도
보이지 않는곳
아늑하게 펼쳐지며 가라앉는
흰꽃 사이로
바람과 햇살들이
지평선 끝까지
달려가 지나가는곳
나 홀로 찾아가
기나긴 숨을 가만히 내쉬어 보는 곳

그 들판 속으로
그 들꽃 속으로

바다

구름과 달 끌어와
손끝에서 물레로 실을 감듯
손님 머리 결 만졌던 미용사 정 씨
낡은 선반 위에 얹힌 초라한 파마약과 염색약들
하루가 다 되도록 가난하게 기다린다
지금 쥐고 있는 파마 약 대신
고국에서 한때 붓을 쥐고 바다를 그리면
살아 있던 물고기들이 푸르게 튀어 올랐었다지
단 한 번도 잊은 적 없는 삶
별들 모두 지고 달마저 뜨지 않던
어느 날
정 씨 한 마리 거북이 되어
바다로 들어간다
이제금 그 바다 헤엄쳐 지나오면
산 내려와 어둠 등에 지고
저녁 짓는 나무 냄새 산 밑으로 깔리는
짧은 하루거리 아스라이 닿는 곳
그 뭍으로 기어올라 거기 잠들 것이라고

강 건너 마을

거기 마을 있었네
한 여름 이녘 땅에서 우는 매미소리만 들려도
나는 그 매미소리를 타고
어린시절 고국의 할머니집을 단번에 뛰어간다네
넓은 강변의 하얀 모래를
푸욱 푸욱 밟고 지나
마을 사람들과 함께 배를 타고 강을 건넌다네
앞산 밑으로는 맑은 시냇물이 흐르고
산새의 울음소리가 온 시냇가를 여울지게 하는 곳
산등성이에 층층이 들어선
초가 마을 집에서 걸어 나온 아이들이
따가운 햇살 개울가에서
헤엄치며 노는 곳
실컷 뛰어놀다
할머니 집에 돌아와
낮은 툇마루에 앉아 있으면
온통 마을을 가득 채우던 매미소리가
햇살을 타고 미끄러져 내려오는 곳
끄덕끄덕 한 여름을 졸게 만드는 그곳이

이른 봄날 진달래꽃

주름진 할머니 손안에 쥐어진
엷은 핸드폰 바탕 사진에
분홍빛 진달래꽃이 한가득 흔들거린다
꽃과 꽃 사이 연초록 잎새 옆으로
취학 전 아이같은 꽃봉오리가
얼굴을 쏘옥 들이밀고 있다
바람이 세차서도 안 된다
굵은 비가 내려서도 안 된다
때늦은 눈은 더더욱 안 된다고
꼭꼭 다짐하는 마음처럼
거센 바람 몰아치는 언덕배기 한 귀퉁이에서
이른 봄날 일찍 피어난 꽃잎들이
서로를 부둥켜 안은 채 가늘게 떨고 있다

여백과 게으른 공간 사이

시작은 쉬운법
꽉찬 게으른 책상 한 모퉁이에
딱 책 한 권만 들어갈 공간을 남겨 봐
우린 그걸 쉼 또는 여백이라 부르지

그냥 책상 사이에
구멍을 뚫는 거라고
사각 모퉁이에
한 권의 책 크기로
창문을 다는 거라고

곧 책 두 권 크기의
창문이 달릴거야
그리고 순식간에 책상은
넓은 잔디밭이 되는 걸
그곳에 바람이 부는 걸
그 바람에 얹혀진

책상이 내뱉는
환호 소리를
듣게 될 거야

달려가며 소리치는
그 자유의 바람소리를

나무들의 언어

언제부터인지 나무들의 언어는
서로가 닿지 못하네
오랜 기다림으로 이미 알아버렸지만
늘 어리석은 기대는
슬그머니 언어들을 흘려보내네
소리없이 빠르게 흩어지는 언어들
바람에 몸을 싣고 달려가지만
아무렇게나 제 마음대로
공중으로 뛰어올라갔다
급하게 휘돌아 떨어져 버리는 언어들
곁에 서 있는 나무에 닿지 못하고
부서지고 떨어지며 사라져 가는
아무런 시간들이 걸어가고 있네
참아 기다려온 그 언어
끝내 닿을 때까지

밤안개

어디서인가 말발굽처럼
웃음소리 지나간다
내가 붙잡지 못했던 시간들이
오래된 아스팔트처럼
대지에 늘어붙어 있을 때
강가에서는
하얗고 조그만 물방울들이
조용하게 공중을 뛰어다니고 있었다
내 시선이 닿는 안개 가득한 그곳에서는
밤잠 모르던 친구들이
서로를 잃어버리기라도 하는 듯
손과 손을 움켜쥔 채 한 떼의 새들처럼
안개 속을 날아다녔다
오늘밤
또 다시 안개 가득하고
그 속을 걸어가는 한 떼의 웃음소리
보드랍게 숨 쉬며 지나간다

어떤 죽음

한 노인이 말했다
오래도록 키우던 자식같은 개가
자신도 모르는 사이
누구에게 팔렸다고

그 개가 떠나던 날
억세고 강한 어떤 손이
그 개의 목줄을 움켜쥘 때
개는 뒷다리에 힘을 주고
질질 끌려가며 버티려고 버티려고
바닥에 몇가닥의 흔적을 남겼지만
개는 더이상 보이지 않았다고

개는 없는데
피 섞인 눈물을 흘리며
자꾸만 뒤돌아 보던 그 개는
여전히 거기 있었다고

그 후 노인은 어두운 지하실로 내려가
오래도록 나오지 않았다

배

거기 바다에 배 떠 있었네
그 안에서 자고 있던 사람들
그들에게 조심스레 물었네
혹시 작은 비구름을 보았는지를
하늘은 푸르렀고
그때마다 배 안으로부터 거치른 돌멩이들 날아왔네
그러던 어느날 한꺼번에 많은 비구름 갑자기 몰려왔네
너무 늦게 찾아온 제 몫의 시간들
알려 줄 수 없었네
그 배 바닷물 속에 잠기기까지
그 바다엔 이미 아무것도 남아 있지 않았네

산새

내 어릴 적
할머니와 함께 살던 시골 앞산엔
오래도록 살아 있던 산새 있었네
도도 도도도오
그 소리 초가 마을 집들로 달려가다
어린아이 눈빛 닮은
산 밑 냇가로 되돌아 갔네
집집마다 나무 때어 밥하던 마을
가난이 가난인 줄 몰랐던 시절
냇가에서 헤엄치며 돌 줍던 나는
산새가 울적마다 그 울음 들었네
오늘 내가
그 시절 산 밑에 서면
그 산새 소리 다시 들을 수 있을까
냇가서 주운 돌 내려놓듯
생의 짐 하나 하나 내려놓으면
고요한 마을 앞산 그 산새 울음
내 귀에 다시 들려올 수 있을까

상한 갈대

눈만 감아 떠도
주루룩 흘러내리는 눈물처럼
거기 갈대들
키 작은 아이처럼
가녀리게 서 있네
꺼져 가는 불꽃처럼
바람결에 흔들리네
거기 상한 갈대들
웅성거리며 서 있어도
감당 못 할 세상인 듯
흘러 넘쳐 버린 물결 옆에서
휘이 휘이 흐느끼며
꺾어지며 넘어지네
거기 상한 갈대들

오늘 나는 창문을 열고

차가운 바람을 얼굴로 맞는다
하늘을 가득 메우며 내려 오는 눈들은
아무런 걱정이 없어 저렇게 가볍게 날을 수 있나 보다
그러다가 소리 없이 하나 둘
창 밖 나뭇가지에 걸터앉기도 하고
열린 창문으로 잘못 들어온 눈들은
이내 눈물처럼 녹아 없어지기도 하면서
오늘 나는 창문을 열고
저 눈송이들과 함께
누군가가 아직 살아 있다는 소식을 들었으면 좋겠다
아니 굳이 지금이 아니어도 괜찮다
어느 봄날
민들레 꽃씨 밑동에 소식을 달고
눈처럼 둥둥 공중을 떠다니다가
내가 아는 소중한 사람들이 그 어느 곳에서든
건강하게 살아있다는 소식을 전해만 주면 좋겠다

길 I

나는 이 길을 걷고 싶네
길을 걸으며 생각하는 길
꽃들과 흙과 모래가 있는 길
새들이 푸르른 강물 위를 날고
한 두 그루 나무들이 서 있는 둑길과
꽃들이 있는 길이면
그 어느 곳이어도 좋은 곳
그리고는
내 눈물 뒤에
그가 있다면 그를 위하여
더 오래도록 걷다가
주님께서 부르시는 날
갈 수 있으면 좋겠네

길 II

어떤 길 위로
꿋꿋이 걸어간다는 건
그 어디쯤
샘물이 있다는 걸
알기 때문이다
가다가 가다가
단 몇초도 견뎌내지 못하고
내두르는 목마른 혀에게
길은
묵묵히 걷는 법을 가르친다
입술에 힘을 주고 꼭 닫을 것
혀를 잇몸사이로 빠르게 감출 것
잠시 멈추어 서서
눈을 지그시 감고 있을 것
깊은 억울함이
단단해질 때까지

길 III

내가 걸어가고 있는 길이어서
내가 선택한 줄 알았네
하지만 길은 이미 나 있었던 것임을
뒤돌아 본 후에야 알았네
내가 만든 길이 아니라서
길을 만든 이가 있어서
참 다행이라는 것도
그를 아는 일이
전부라는 것도 알았네
내가 새롭게 들어선
오늘이라는 그 길을 처음 걸어갈 때
나뭇가지가 나를 찌르더라도
풀들이 생채기를 내더라도
나는 참고 걸어가야 한다네
내가 밟고 지나가는 풀들은
언젠가는 없어질 풀들이기에
고개를 들어 하늘을 보고

눈부셔서 바라볼 수 없는
햇빛을 기억해야 하네
비록 수고로운 하루가
충분히 돌아오지 않을지라도
온유한 눈꺼풀로
푸른 하늘을 기쁘게 바라보아야 하네
내가 만든 길이 아니기 때문에

도서관

공부 안하는 중학생 아들과
공부 안 해도 되는 엄마가
함께 도서관에 갔다
공부 안 해도 되는 엄마가 공부를 하자
점점 재미가 솔솔 났기에
도서관을 떠나기로 한 약속 시간보다
한 시간을 연장했고
다시 더 삼십분을 연장하자고 졸랐으나
공부 안하는 중학생에게 져서 집으로 돌아가고 있었다
그때 자동차 라디오에서
흥분한 아나운서의 목소리가 들렸다

"백 년 전 도서관으로 반납하지 않은 책이
샌프란시스코에 있는 도서관으로 반납되었답니다.
1917년 책을 빌려간 그 할머니는
반납하지 않은 채 돌아가셨고
이번에 그 증손주가 반납했는데, 도서관은 그동안의

약 2천2백 달러에서 3천6백 달러로 추정되는 벌금을
모두 탕감해 주기로 했답니다.
돌아온 그 책의 제목은 'Forty Minutes Late' 입니다."
오늘은 2017년 1월 21일*
공부 안하는 중학생과
공부 안 해도 되는 엄마가
동시에 서로를 쳐다보며
말없는 웃음을 흘러보냈다
100년 늦게와 40분 늦게 사이를

*실제로 책이 도서관에 반납된 날짜는 1/13/2017 이며, 라디오 뉴스는 1/21/2017에 보도됨.

하늘이, 바다가

하늘이
바다가
파랗다는 것을 이제야 알았다
늘 파랗게 있어서
그런 줄만 알았는데
그저 파란 것만이 아닌 줄
이제야 알았다
누군가를
기억하게 하기 위하여
일부러 그렇게
눈뜨면
바로 보일 수 있게
넓은 바다가
파랗게 있는 것은
살아 숨 쉬는 모든 것들로
그 존재를 한번쯤
생각하게 하기 위하여
그렇게 있다는 것을 이제야 알았다

강

희망이 강을 건너오고 있다
강 저쪽 끝에서 서서히
헤엄쳐 오고 있다
강 이쪽에 서서
만면의 미소를 짓고 발을 동동거리며
기다리고 있는
나
너는
오랜 인내의 물살을 가르면서
천천히
아주 느리게 다가오고 있다
삶의 매듭을 풀어 줄
빗장을 열어 줄
너 희망아
속히 강을 헤엄쳐 오려무나

민들레 꽃씨

오랜만에 고국을 찾아
엄마 앞에 선다
그 용맹스럽던 엄마는 사라지고
갑자기 한 아이가 서 있다
감싸 안은 두 팔이 허전하도록
엄마의 두 어깨에
가벼운 민들레 꽃씨들이 나풀거린다
공중으로 흩어진다
공중을 가득 메운 꽃씨들
하나하나에 응축된 시간들이 담긴다
날아왔다 다시 오르는
남은 한 떼의 아픈 미소들처럼

이민

늦은 여름이었다
온 나무 가득 꽃망울 터트리며
바다를 건너게 한
그 시절 유일한 희망이
미국 시카고에 첫 발자국을 내디디던 날은
여태껏 보지 못했던
집집마다의 잔디와
도심 속에 들어있는 수많은 나무와 숲들
무엇보다도
도심의 공기가
그토록 맑을 수 있다는 것에
놀라며 반가워했다

하지만 얼마 지나지 않아
매일같이 굵은 장대비가 내렸다
가을이 다가오고 있었다
그리고
오래고 오랜 겨울이
얼마가 지나간 것인지

모두가 세월을 기억하지 못할 무렵
여린 봄 햇살 속에서
조그맣고 하얀 꽃 한 송이가
피어올랐다
그 꽃송이 주위에 서 있는
수많은 나뭇가지에서도
여기저기
꽃망울들이 터져 나오기 시작했다

고개를 들어 쳐다본
하늘에는
온통 꽃잎들이 빼곡하게 들어차 있었다
언제 피어났을지
언제 사라질는지는 모르는 채
그러나 저마다의 의미를 지닌 양
그렇게 가득 피어 있었다
햇살 가득한 날이면 더욱

휴가

모처럼 얻은 나만의 시간
수십 년 전 처음 미국 시카고에 와
살았던 곳을 둘러본다
지금은 예쁜 집으로 바뀐
숲향기 가득한 위넷카 마을
아직도 여전히 그곳에 있는 도서관에서 책도 읽고
그때 들렸던 마켓에도 들러 점심을 산다
늘 마음이 힘들었던 시절
무작정 달려와
바라보면 저 멀리 수평선이 보이고
가까이엔 푹푹 빠지는 모래밭
그 위에 듬성듬성 자란 가느다란 풀잎들이
성긴 마음을 보리밭 밟듯이 꼭꼭 밟아주었던 곳
지금 바라보는 마음이 그때처럼 다져져
일어나 걷는다
다시 허락된 지금 이 하루를

노트

집에서 무얼 찾다가
젊은 날 적어 논
노트를 찾는다

거기 적혀있는 검은 글씨들

나는 피지 않고 져버린 꽃봉오리
자라다만 나뭇가지
가다가 멈춰버린 시계바늘

가슴속에서
진땀 같은 눈물이
스멀스멀
스며 나온다

오래된 책

습관처럼
너를 바라보리
매 순간마다
잠시 멈추고
생각하리
어느새
빠져있는 소용돌이 가운데서도
돌아가다 돌아가다
기어이 너를 붙들리
거기
네가 있었지 하고
갈피를 넘기며
찾아내리 너를

삶

모두는 묻는다
어떻게 살아야 할지를
알고 있는 사람이나
모르고 사는 사람이나

모두는 말한다
각자의 기둥에 걸어놓은 그 자신의 해답을
그 하루가 지나간다
그리고 모두는 다시 묻는다
어떻게 살아야 할지를

약초의 씨

가슴의 문을 열은 한 사람
오래 간직했던 약초의 씨
꺼내 주네 아끼는 사람들에게
그러나 모르는 이들
들었으나 듣지 못한 이들
몰래 그 씨앗 버려 버리네
메마른 길 위로
지나가는 바람의 밑창이
제 몸을 밟고 지나갈 때
부서지며 갈라져 나오는
씨앗의 소리
미처 꿈꾸지 못하고
사라져가는
공중으로 흩어지는
가루들의 부스러짐
그 고통의 몸부림들이
자꾸만 멀어져 가고 있네

가시들풀

텃밭 옆 외길에 가시들풀 서 있다
사랑받지 못한 탓인가
세상 혼자 싸우려는 듯
치마며 목 줄기며 온통 가시로 둘렀다
유일한 삶의 끈인 양
이른 아침부터 해질녘까지 떠날 줄 모르고
텃밭에 붙어사는 할머니의
주름진 종아리에 생채기를 그어대도
이놈의 가시 하는 외마디 소리뿐
할머니는 그 억센 손으로 뽑지 않았다
잠자리 나비들 오가는 사이사이
재빨리 콩잎에 늘어붙는 날벌레들도
정겨운 손님만 같아
심심하지 않았던 가시들풀
할머니는 텃밭에서
오이야 가지야
기다려도 오지 않는 자식들을 부르듯

그 이름을 불렀다.
무서리가 내리기 전 어느 날
마지막 가을걷이를 하던 할머니가
마른 호박 하나 남기지 않은 채
샅샅이 훑어가고 남은 빈 텃밭에서
더 이상 오이가 아닌 듯
아무렇게나 말라붙어 있는 오이 잎사귀와 줄기들
더 이상 호박이 아닌 듯
이리저리 나뒹굴고 있는 호박넝쿨 옆에서
혼자 남은 가시들풀은
평생 열매라고는 가시뿐인 자신을 바라보며
쓴 눈물을 허옇게 흘리고 서 있었다

가끔

가끔 잊어버릴 때가 있어
우린 모두 혼자라는 걸
우르르 달려가는 바람결에
저도 모르게 묻어가는 나뭇잎들처럼
소란스런 세상 한 가운데서도
고요히 자신에게 침잠해야 한다는 것을
문득 내가 알고 있는 것이
더 이상 알고 있는 것이 아니라는 것을 안 다음에야
우린 겨우 일어서서 한 발작 걸음을 내디딜 수 있을 거야
천천히 물속에서 한발을 꺼내어
다시 천천히 물속에 담그고
다른 한발을 멈춘 듯 꺼내어
또다시 물속에 담그는
그림처럼 서 있는 제 모습이 흔들려도
여전히 먼 곳을 응시하며 걸어가는
한 마리 하얀 새처럼

문

어느 날 보았어
바라보기조차 조심스럽던
영롱히 빛나는 너의 두 눈동자를
그러던 어느 날
갑자기 폭풍우가 지나가 버렸고
너는 네 자신 속으로 뛰어들어가
그만 문을 굳게 걸어 잠그고 말았어
그 단단한 문 밖에서 우리는 그저
너를 지켜보고 있는 것 외에
달리 아무것도 할 수 없다는 고통이
우리를 짓누르게 놔 둘 수밖에 없었어
문밖으로 흘러나오는
시커먼 너의 고뇌들이
뚝 뚝
피 흘리는 것처럼 떨어지고 있는데도 말이야
얼마큼 세월이 흘러야
그 문이 다시 열려질 수 있는 걸까
어떻게 무슨 일이 있어야
바위틈에서 생수가 흐르듯

너의 그 문밖으로 맑은 물이 흘러내릴 수 있을까
아니
그 맑게 빛나는 너의 눈동자가
다시 살아날 수 있게 될까
눈을 들면 여전히
잠겨 있는
돌아서도 아직 거기
시커먼 고뇌만이 흘러내리는 그 문을

약속

약속을 이행한다는 것
그분과의 약속을
엄숙한 절기들을 지키듯
그것은 삶을 둘러싼 모든 쇠사슬이
스스로가 끊어지고 풀려지는 것이라네
그 쇠사슬들이 더이상 지나가지 않는 것이라네
산 위에서 바람이 불어 내리듯
그것은 머리로 부터
발 끝까지
완전한 평안이 넘쳐 흐르게 하는 것이라네

거리

거리를 걷는다
바람에 꽃잎 묻어온다
누구라도 찾는 듯
이리저리 마구 공간을 떠도는
꽃잎파리들
아무 곳에서도 찾지 못하였나
시름시름한 꽃잎들
하나 둘
떨어진다
빈 바람이 분다
무심하게
커다란 봄꽃나무
다시 한 줌
꽃잎파리 날린다

그날

내 안의 너
내안의 눈으로 너를 본다
검은 천으로 커튼을 치고
너의 존재를 인식하지 못한 나를
이제 그날이 오면
내안에 있던 네가
진짜 나의 모습이 되겠지
이제껏 이땅에서
보여지던 나의 모습은 자취를 감추고
다시 새로운 모습으로
변형되겠지
내 안의 눈
그 어떤 시제의 공간에서도
아픔이 없는
그날만 생각할 수 있다면

밤 하늘 밑에는 살아 있는 별들이 있다

밤 하늘 밑에는 살아 있는 별들이 있다
끝없이 펼쳐 있는 이역의 땅 한 자락
물가의 갈대 숲 끝까지 반딧불들은
시간 속으로 날아 오른다
쏟아지며 흩어지는 별 빛들
제 나름대로의
아득한 삶을 살아가고 있는
고운 별 빛 가루들에게는
생이 갖는 누추함이 없다
멀리서부터 날아오르다
희미하게 사라져 가더라도
다시금 눈부시게 날아오르는
수많은 반딧불들
풀벌레들이 울고 있는
저 무한의 공간 속에서 누구에게나
평화로운 그곳을 기억해 내도록
아슬한 생명들을 흩뿌리고 있다

노을이 진다는 것

긴긴 햇살을 돌아온 가슴이
깊은 곳에서 울음을 토해 내면
저녁 노을이 붉게 물든다
어떻게 다져 온 시간인데
그 많던 초록과 꽃들의 색깔들은
다 어디로 사라져 가는 것일까
노을 빛이 떨어지는 바닷가
검은 갯벌위로 스멀거리며 올라오는 축축함
해가 지면
이제껏 살아 있던 모든 형상들은
쓸쓸히 뒷모습을 보이며
어디론가
원하지 않아도
끌려 들어가고 있다
너와 나를 구분 짓던
테두리들이 지워지는
낯선 세상으로
모두는 잠겨만 간다

십자가의 시간

주님은 십자가에 달리시기 전
여러 갈래로 나뉘어진
끝에 쇠조각이 붙어 있는
채찍으로 맞으셨다
살점 뜯어내는 그 채찍으로
터진 살갗으로 나오는 피가 굳어
새로운 살점을 뜯어내어
남아 있는 피를 한방울이라도 더
뽑아내기 위해서라도
그들은 홍포를 입혔다
갈대들을 묶어 내리쳤다
 그 갈대들의 옷을 무엇으로 입힐까를
매일 생각하는 그분의 머리를
그리고 쇠처럼 견고한 가시로 만든 관으로
단단한 머리뼈에 구멍을 뚫었다
피 흘러 눈으로 들어갔다
그 피범벅된 얼굴에
그들은 침을 뱉었다
기다리던 홍포가 흐른 피를 먹고

벽지처럼 살에 늘어붙어 갈 때
바위보다 무거운 십자가
그 어깨에 지워졌다
맨발로 걷는 뾰족한 가시밭길 돌밭길
한 발자국 걸을 때마다 가시 그 발에 박혔다
뾰족한 돌 박혔다
멀쩡한 살도 뜯어내고
머리뼈도 구멍을 내는데
무슨 발을 보호해 준다고 신발을 준비했으랴
가시 신발, 돌 신발이 신겨지고
겹겹이 박혀질 뿐
튀어나온 어깨뼈에
십자가 모양을 띤 바위덩이보다 무거운 나무가 눌려졌다

맨 몸으로
마취제도 없이 십자가 위에서
녹슬은 대못이 박히고
바라보면 그대로 있는 해와 달이 하늘을 걷듯
서 있는 십자가 시간들
온몸의 물과 피 빠져나가는
불 속에 타는 그 탈수현상의 목마름을
억만분의 일초라도 못 느끼면 좋았을

십자가의 시간들
그 찢어지고 파열된 살점들이
뚫고 나오는 피와 진물들이
온 몸의 세포가 말라가며 뒤틀리며
부르짖는 그 비명들을
외면하는 그 십자가의 시간들
 그리하여 그 앞에 선 우리들

목적

살아 있는 어떤 것을 보았어
들판에 흐드러져 피어 있는 꽃들
곳곳에 흩어져서 아무 말 없이 우는
눈물을 기다려 주는 나무들
막 떠오르는 거대한 태양을 향해
낮은 물가를 달리는 사슴들
그것들은 왜 살아 있는 것일까
그네들 모두는 하늘을 보고
하늘 또한 그들을 보고
분명 우리가 모르는 무언가를 나누며
하루를 보내고 있을 거야
머리카락 같이 가는 한 가닥
근심도 없이
그냥 살아만 있어 주면 되는
그 떠나온 어떤 것에게

24분의 1

24시간의 1시간을
그분에게 드려 볼 것
이 땅의 모든 해야 할 것들을 덮어놓고
그 시간을 남겨두어 볼 것
멈춘 채 그대로
그분에게로
그분이 한 말을 기억해 내볼 것
무엇인지 모를 때
더듬어 찾아볼 것
그리고
그 시간을 늘려갈 것
안으로 작은 성전을 지을 것
거기서 알곡을 빚을 것
최소한의 댓가로
남은 하루를 단단하게 채울 것
생의 그 의미를 위하여

가족

누구든지 가족에게
애써 눈을 감고
바라보지 않으면
귀를 막고
듣지 않으면
꿈에라도 그 머리를 흔들 때

언뜻 그 삶과 삶이 마주하는 순간
얼굴에 미소를 띄우며
점잖은 말들을 흘려보내면
그리하여
가족의 병듦과
눈물과
그 삶과 죽음이
어떻게 엮여 지나는지를
전혀 모른다면
그는 버림을 받는다네

이 세상 그 누구보다
더 악한 자라서
주님은 그렇게 하신다네
꼭

빈방

억지로라도 듣고 싶은 말이
방의 문을 연다
사람들
쌓여 있던
그 목소리들
어느틈엔가 텅비어 버린 그 공간 안으로
버려진 시간들
소리없는 먼지들이 낯선 듯 눈을 흘긴다
결국 한 구석틈에서
한줄기 마른 시레기 같은 언어를 주워든다
허물어져가는 벽
다시 글이다
스스로를 들여다보는
빈방의 문이
조심스레 닫힌다

어린아이의 눈으로만 보이는 강

그 투명한 푸른 강은 숨겨 있다네
아주 오래도록
그 강을 알고 있는 사람은 적어
흔히들 그 강은 없는 강이라고 말한다네

그 강을 알고 있는 사람들은
그 강변을 거닐고 있는 사람들은
그 강에서 흐르는 물을 마시는 사람들은

어린아이의 눈을 가진 사람들이라네
맑고 깨끗한 바위속에서 흘러나온 생수가
강을 이루어 흐르는 그 맑은 물을

그 물을 마시는 사람들은 다시 살아난다네
묻혔던 자들도 살아난다네
그 물이 흘러 지나가는 곳마다
푸른 생명들이 솟아난다네
꽃이 피어 흐드러 진다네
꽃지면 아름드리 열매를 맺는다네
언제까지나

그 시냇가

마을에 심겨진 나무들 속에서
숨어 우는 매미가 가득이 사는 곳
산 밑으로 흐르는 맑고 넓은 시냇가에
한바탕 시끄러운 웃음소리들이
산자락을 타고 오르내리는 곳
한 할머니와 그 딸들이
등을 구부려 팔을 넣고
큰 눈을 뜨고 물 속을 들여다보며
돌에 붙은 까만 다슬기를 따는 곳

그곳을 조금 벗어난 젊은 청년이
제법 깊은 개울가로 들어가
튀어오르는 민물 새우를 채에 가득 잡는 곳

새로 산 옷 때문에
그 딸들의 등에 업혀있던 자그만 아이가
몰래 몰래 물을 적시고는

기어이 물 속으로 들어가
마구 마구 뛰어 노는
맑은 물 넓게 흘러내리는 영원한 그곳

눈

주님은 십자가 지시기 전
가롯인 유다의 눈을 보았다
그의 입맞춤을 받았다
웃고 있는 그 유다의

멀찍이 떨어진 곤충의 눈도
저를 잡으려는지 먼저 알고
쏜살같이 도망가는데

만물과 인간을 만드신
바다의 가장 깊은 곳까지
모두 보시는
숨겨진 것 없는
그 주님의 눈 앞에서
유다는 멀어버린 그 자기 눈을
기어이 보이고야 말았다

날아오르기

어둠의 문이 열리듯
빛으로 뛰어 날아오르는
세찬 쇠사슬 풀어지는 소리

아주 먼 창공을 날기 위하여
얼음 어는 추위도 견디어내는
그 눈물의 날개 사이로
환호하는 그 눈물들

가을이면 어김없이 날아가야만 하는
삶의 훈련을 위하여
순간 순간
날개에 힘을 주며
물가를 가르는
철새의 무리들

얼마나 먼 곳으로
날아갔다 돌아왔기에
얻을 수 있었는지
그토록 강한 날개의 힘을
아름답도록 강한 그 인내의 힘을

생의 질문과 답

생명의 근원이 마음이라네
그냥 놓아두면 만물보다 더 더러워진다네
주님은 마음밭을 보신다네
그 밭에 무엇이 심겨 있는지를
매일 밭의 돌멩이를 걸러내고
그곳에 열매를 심는것

늘 주님 앞에 갔을 때
주님은 무어라고 말씀하실지에 대한
답변을 준비하는 것
반드시 이땅에 살동안
답안을 마련해 놓는 것
그것이 살아있는 자의
생의 한가지 의무라네

지금 모르는 답을
그때는 어떻게 알 수 있을까
이땅의 삶이 그대로
하늘에 기록되고

이땅에서 매면
하늘에서도 매이는
이 땅에서의 질문과 답이
그대로 하늘에서도 동일한
그 질문과 답이라는 것을
답은 반드시 이땅에서
찾아 놓아야만 한다는 것을

동행

함께 걸어가는 것
아침에 눈을 떴을 때부터
밤에 잠들 때까지
그분과 함께 삶을 사는 것
먹고 자고 눕는 것
함께 말하고 내 마음을 나누는 것
함께 바라보는 것
함께 기도하는 것
함께 그 약속을 지키는 것
그분과
아무도 없는 광야에 홀로 있을 그때에도
그 누구도 이해 못하는 억울함이 무거운
그 곳에서도
그분과 함께 하는 그 하루는
거룩하게 살 수 있는 것
눈을 떼지않고 바라보시며
지켜주시는
그분과

그분의 뜻

거룩할 것
추수할 때 땅에 떨어진 곡식 줍지 말 것
귀퉁이를 남길 것
밭의 포도를 모두 따지 말고 남겨둘 것
말할 때
재판할 때
사람들을 억울하게 하지 말 것
화평하게 하나님의 자녀로 살 것

그들에게 하지 않은 것이
그분에게 하지 않은 것

그렇게 큰 일이 아닌
그렇게 무겁지 않은
최소한의 마음

그분을 만나고
자신이 누구인지 알기를 원하는
그분의 뜻

은밀한 곳에서 보시는 주님

생의 최소한의 의무인
사랑이 접혀지는 곳
아무도 없이 광야에서
홀로 남겨져 있을 때
그 누구도 질 수 없는
생의 무게가 내려오는 곳
그리하여 오랜 어둠의 길을
그곳에서 길을 잃었을 때
그 두려움을 아는 이들을
그 눈에서 떼어내지 않으시고
바라보시며
지켜주시는
그분이 있다는 것
그 살아가는 희망의 언어들

일출

너는 떠오르는데
내 마음은 고요히 잠긴다
소리없이 순식간에
어둠을 몰아내버리는
강한 너의 힘
그 생명의 힘이
호숫가에서
새들과 함께
날아오르고 있다
그 무엇보다도
부러운
자유를

돛단배

바람을 거슬러 올라간 배
바람을 보내는 분을 보네
아무리 매서운 바람이라 하여도
그 바람에 돛을 달을 것이네
그 배를 바람에 띄울 것이네
생이라는 돛단배를

아이가 웃는다

아이가 웃는다
소리친다
오래도록 웃지 않던 아이가
들꽃을 보며
풀들을 보며
오늘 자그마한
들꽃 한송이
그 아이를 위해
살짝 심는다
바람에 흔들거리는
들꽃을 보며
웃음 웃는 공간을 위하여

태어난다는 것

어려운 바울 서신을 읽는다
사람에게서 태어난 우리
사람의 형상을 가지듯
하늘로부터 태어난 사람
하늘의 그분 형상을 가진단다
그분의 형상을 가지는 것은
육적으로 먼저 태어난 사람에 한하는 것
부활한 몸이 영원한 생명으로 들어간 분은
오직 주님뿐이란다
그리고 영원한 생명으로 들어간 부활체는
현재의 육체와는
완전히 다를 것이라고
그것은 부활하신 주님과 같을 것이라고
우리 또한 그렇게

그리고 그분은 지금도
우리와 함께 살아계시단다
그분이 약속하셨으므로
내가 세상 끝날까지 너희와 함께 있겠다는
얼마나 우리가 그 약속 잊고 있을 때에도

아직도 어렵다 바울서신은

소나기

그 비 내리도록 몰랐다
하늘이 파랗게 맑았으므로
언제부터였을까
검은 비구름 몰래 모여들었던 때는
아무것도 모르는
짧은 소매 밑 맨살
길 걷는 팔 위로
멍들 듯 내리쳐오는 굵은 빗발들
오래도록 그렇게
비 내리는 소리
아늑했건만
이제
유리창 밖으로 내리는
비소리조차 아프다

안개강

아무말 하지 않아도
소리없이 우는 내 눈물 닦아주듯
조용히 나를 바라보는 저 안개의 무리들
달려가 우는 엄마의 품처럼
흐느끼는 머리 꼬옥 감싸안네
등 살며시 두드려 주네
얼마만한 시간이 흐르도록
산 밑을 떠도는 안개의 강물들
멀고 긴 안도의 숨 깊이 내쉬며
고요히 고요히 내려와 앉네

먼지

햇살 비치는 오후
마스크도 쓰지 않은 채
길가에 쭈그리고 앉아서
툭 툭
먼지를 터는
노인의 등을 본다
눈물이 본다

외출

오래 만나지 못했던 친구들이
이를 꼭 깨문 표정으로 다가와 툭 팔뚝을 친다
원수졌냐고
그들이 기다리고 있는 곳에 언제 갈 수 있을지
시간을 가늠해 본다
내가 삭이지 못하고 토해낸 고통들은
그의 피부에 달라붙어
자꾸만 알을 까고
붉게 퍼져 나간다
어둠속에서
어느새 깊은 뿌리를 내리는 질긴 잡초들처럼
그는 잘 갔다 오라는
나무 재 같은 말을 내게 던진다
그때 문득
그가 토해낸 홍반을 뒤집어 쓴 채 누워있는 나에게
친구들과 놀러간다고 하는 그의 소리가 들린다
갑자기 서늘한 강물이 내 가슴 정 중앙을 물갈퀴로 훑
으며 지나간다

그날 나는 집에 남아
오래도록 소리 없이 그가 해오던
모든 일을 다 한다
조용한 그의 눈이 나를 바라보고 있다

집

모두가 집을 짓네
그 사는 동안
많은 사람들
마르고 단단한 모래흙 위에
높고 아름다운 집 짓네
비바람 몰아치던 어느 날
모래흙 물 들어오네
물렁거리는 진흙 되어 가네
그 집 흔들거리며 무너지네
넘어지네 붙잡던 사람들
본래 흙으로 돌아가듯
넘어지며 바라보네
멀리 암반 위에 지어진 그 집
비바람 속에도 변함없는
고요한 불빛들
창문으로 밝게 흘러나오는 것을

왜냐고 물었다

어둠의 깊은 동굴속을 더듬거렸다
습하고 긴 서늘한 그곳
얼마나 시간이 흐르는지
모든 사물들의 존재가
그 의미를 굳게 닫고 있을 때
자꾸만 내게로 날아드는 돌이 있었다
맞은 생채기에서
스멀스멀 나오는 피를 닦으며
왜냐고 물었다
아무도 답변을 주지 않았다
스스로 찾아보려 했지만
찾지 못한 채
딱딱하게 굳은 고통의 껍질이 떨어질 때면
또다시 붉은 피가 스며 나오는
나로부터 떨어져 나온 나자신의 시선이
먼곳으로 향해 갈 무렵

누군가가 말했다
내가 걸어온 길을 걷고 있는 그 누구에게
먼저 손을 뻗게 할
힘이 된다고
진정한 자아실현이 된다고
눈물이 고였다 비로소

찾을 것 그리고 살 것

얼마나 서 있었던 것일까
돌아오지 않는 시간 앞에서
그 어둠의 문 앞에서
서성거리며
오랜 기다림의 눈물로 굳어져 내린
붉은 협곡같은 눈 밑의 살들
돌아오지 않는
돌아오지 않는
아들을 기다리는
마르게 펄럭이는 흰 치마에 가는 두 다리를
삐그덕 거리는 그 시간들을
더듬어 닫는 그 노모의 눈을

찾으라 나를
그리고 살라*

*나를 찾으라 그리고 살라 (성경 아모스 5:4)

해설

삶을 향한 복원력의 시학
-이주, 기억, 그리고 하늘을 향한 몸짓

이창봉(시인/중앙대 예술대학원 겸임교수)

 송순례 시인의 시들은 하나의 서사로도, 개별적인 내면의 고백으로도 읽힌다. 한 마디로 단정하기 어렵지만 그의 시들을 읽어 내려가면서 그의 삶을 향한 복원력과 시학이라는 주제를 발견하게 된다. 무엇보다 이 시집을 읽는다는 건, 이민자였던 당신의 한 생애를 들여다보는 일이며, 그것이 곧, 이 땅 어디에도 완전히 뿌리내릴 수 없었던 모든 존재들의 기도문을 듣는 일일 것이다.
 송 시인의 시에는 이민이라는 삶의 큰 변화 속에서 시인의 정신을 온통 지배하고 있는 고향의 그리움과 낯선 땅 미국 시카고에서의 삶의 열정이 긴 강처럼 서정적인 이야기를 풀어 놓고 있다. 늦여름, 꽃망울 하나 품고 시카고의 땅에 첫 발을 내딛던 그때. 시인은 마치 나무였다. 새로운 땅의 공기와 잔디를 경이롭게 맞이 하면서도 곧, 장대비처럼 쏟아지는 낯선 세월 속에서 오래고 오랜 겨울을 견뎌야 했다. 그 겨울 끝, 하얀 꽃 한 송이 피어날 때, 그건 단지 봄의 도래가 아니라 자기 존재의 '다시 피어남'을 증명하는 첫 번째 희망의 언어였다. '이민'시에서 우리는 기억과 희망의 언어를 발견할 수 있다.

> 늦은 여름이었다
> 온 나무 가득 꽃망울 터트리며
> 바다를 건너게 한
> 그 시절 유일한 희망이
> 미국 시카고에 첫 발자국을 내디디던 날은
> 여태껏 보지 못했던
> 집집마다의 잔디와
> 도심 속에 들어있는 수많은 나무와 숲들
> 무엇보다도
> 도심의 공기가
> 그토록 맑을 수 있다는 것에
> 놀라며 반가워했다
>
> 하지만 얼마 지나지 않아
> 매일같이 굵은 장대비가 내렸다
> 가을이 다가오고 있었다

그리고

오래고 오랜 겨울이

얼마가 지나간 것인지

모두가 세월을 기억하지 못할 무렵

여린 봄 햇살 속에서

조그맣고 하얀 꽃 한 송이가

피어올랐다

그 꽃송이 주위에 서 있는

수많은 나뭇가지에서도

여기저기

꽃망울들이 터져 나오기 시작했다

고개를 들어 쳐다본

하늘에는

온통 꽃잎들이 빼곡하게 들어차 있었다

언제 피어났을지

언제 사라질는지는 모르는 채

그러나 저마다의 의미를 지닌 양

그렇게 가득 피어 있었다

햇살 가득한 날이면 더욱

- '이민'시 전문

'어부동 강' 시를 읽다 보면 어린 시절의 고향을 따라 흘러간다. 맑은 물결, 매미 울음, 햇살 속 뛰노는 아이들… 그 장면들은 너무 또렷해 지금 이 땅에서 살고 있는 "나"의 시간과 끊어질 듯 이어져 있다. '어부동'은 실제로 수몰된 지역이며, 이는 시간 속에 사라진 고향과 어린 시절의 은유로 묘사하고 있다. 강, 모래턱, 나룻배, 잔물결 등의 이미지로 과거의 아름다움을 회상하며, 동시에 그리움과 상실감을 표현했다. 수몰된 땅에 대한 묘사는 과거의 추억이 더 이상 손 닿을 수 없음을 암시하며, 그 슬픔이 잔잔하게 번져간다. "여전히 출렁이는 강"은 과거가 사라졌지만 시인의 마음속에는 여전히 살아있음을 말하고 있다.

시인은 마을의 소리, 바람의 냄새, 조각난 기억의 조각들을 자꾸만 되살려 우리에게 묻는다. "그곳은 사라졌는가, 아니면 내가 떠나온 것인가?"라는 생각을 갖게 한다. 이 시적 묘사는 깊은 철학을 바탕으로 창작된 언어라고 볼 수 있다. 송 시인의 시적 묘사에 주목할 점은 바로 기억을 삶의 철학으로 승화하는 재료로 사용하는 단단한 삶의 정신에 있다.

앞산과 긴 모래 턱을 가진

아주 푸르렀던 강

여행에서 돌아온 사람들은

조그만 나룻배를 탔고

바람이 불 때마다

희망은 잔물결 위를

날아다녔던

어렸던 시절의

그 맑은 강

내 마음에 여전히 출렁이는

*어부동 그 깊은 강

- '어부동 강' 전문

그의 시 '바람소리'를 읽어 보자. 바람은 시적 화자의 감정, 혹은 어머니에 대한 그리움을 상징한다. 어머니를 부르면 들려오는 바람 소리는 단순한 자연의 소리가 아니라, 자식의 내면 깊은 곳에서 터져 나오는 슬픔이자 감사의 울림이다. 어머니의 고단한 삶, 굶주림까지 감내한 사랑이 바람 소리처럼 여운을 남기고 있다. 끝 연에서 "저는 진물 같은 바람 소리입니다"라는 표현은 존재 자체가 어머니의 고통과 사랑에 기대어 있는 존재임을 고백한다.

> 어머니
> 당신을 부르면
> 가슴 저 먼 곳에서
> 달려온 바람이
> 나무에 기대어
> 우는 소리가 들립니다
> 그 무거웠던 많은 시간들을
> 머리에 이고
> 어떻게 걸어오실 수 있었는지
> 자식들 입에만
> 먹을 것을 넣어 주던
> 당신의 굶주린 허연 미소가
> 구순을 넘기는 지금까지도
> 그렇게 떠날 수 없는 것인지
> 어머니
> 여전히 저는
> 당신에 기대어 우는
> 진물 같은 바람 소리입니다
>
> > - '바람소리' 시 전문

그런 시인의 자연의 감각은 '어떻게 아침이 시작되었는지' 시에 잘 표현되어 있다. 안개와 빛, 산과 산맥을 통해 아침이 열리는 장면을 감각적으로 포착한다. 자연의 움직임은 매우 조용하고 부드럽지만, 동시에 아주 섬세하고 질서정연하다. 인간이 개입되지 않은 자연의 조화로움과 거룩한 시작을 묘사하며, 모든 생명의 탄생을 암시하는 듯. "빛이 말하네"라는 말은 자연이 언어 없이 전하는 메시지를 직관적으로 받아들이는 시인의 감성을 드러낸다 하겠다.

그의 시 '빛이 말하네'는 자연을 관찰하며 생긴 자신의 영적인 성찰을 잘 묘사하고 있다. 한 줄기 '빛'은 단순한 자연현상이 아니라, 신적 메시지 혹은 내면의 계시를 상징한다. 상처, 눈물, 무너짐을 경험한 후에야 비로소 용서라는 선택이 진정한 회복의 길임을 말하고 있다. '빛의 반사'와 '하늘에 쌓인다'는 표현은 인간의 행위가 결국 우주적인 조화 속으로 되돌아간다는 순환적 철학을 암시한다. 이 시는 강한 영적 메시지를 담고 있으며, 고통을 통한 성숙과 평화를 추구하는 시인의 삶의 철학을 잘 표현하고 있다.

하늘에서 땅으로

내려오네 한줄기 빛

내려온 그 빛 말하네

상처준 사람들을

용서하라고

흔들리며 몸부림치는

무너져 내리는 소리들

눈물로 얼룩진 몸에

던져지는 도저한 그 한마디

쓰러져 있는 내게 다시 말하네

자아가 그 말을 거부할 때

내게 내려온 그 빛은 죽어

영원히 소멸 되는 것이라고

그러나

중심에서 용서하고 받아들이면

임무를 마친 그 빛은 반사되어

하늘로 되돌아 가고

하늘에는 그 빛이 쌓여지는 것이라고

그제서야 진정한 쉼이 있는 거라고

- '빛이 말하네' 시 전문

시 '강 건너 마을'은 잃어버린 고향, 회귀에 대한 갈망이 잘 표현되어 있는 시다.

'강 건너 할머니 집'은 이상향 같은 장소로, 물리적으로는 갈 수 없지만 마음속에서는 늘 존재하는 장소라고 할 수 있다. 매우 구체적인 회상의 이미지들(매미 소리, 콩 말리기, 곶감 먹기 등)은 독자에게도 정서적 공감대를 형성한다. 유년의 고향에서 느꼈던 평화와 안식, 따스한 정서가 지금의 삶에서는 사라졌음의 반추라고 할 수 있다. 향수와 상실의 감정이 어우러진 노스탤지어의 전형적인 시라고 할 수 있다. 바로 강 건너 마을이 시인이 가슴 속에 살아서 그의 시 전반에 녹아드는 감정의 원천이자 샘이 되고 있다고 하겠다.

"벼"와 "들풀의 옷"에서는 삶의 리듬이 자연의 윤회 속에서 다시 등장한다. 벼 한 알의 생장과 소멸은 이민자의 궤적과 겹쳐진다. 오직 추수를 기다리는 존재 — 그럼에도 알곡이 되지 못한 어떤 벼는, 자신의 껍질 속을 들여다보며 묻는다. "나는 무엇으로 채워졌는가?"

"들풀의 옷"에 이르면, 자연은 더이상 배경이 아니다. 그것은 하늘과 대화하는 자, 존재의 이유를 스스로 입는 자이다. 무명의 존재일수록 더 하얗게 웃으며 바람에 고개를 젖힌다.

논에 심겨진 벼는 푸른싹을 낸다지

출렁이는 물에 제 몸을 담그고

햇빛과 바람을 맞으며

부지런한 하루하루를 산다지

삼복이 시작되는 뜨거운 여름날

많이 자란 잎 사이로

중심에 두껍고 기다란 대공을 만든다지

초복을 지나온 대공은 매듭을 짓고

중복을 지나갈 대공에게 시간을 넘기고

중복을 거친 대공이 무더운 땀을 묶어 말복에게 넘기면

가장 무덥다는 말복을 견디어 낸 대공은

매듭을 지은 후 그 끝으로 부터

가지를 뻗는다지

가지 끝마다 알알이 영그는 볍씨들의 무게가

짙어가는 가을을 맞으면

누런 벼이삭들은 저마다의 살아온 삶을

안으로 안으로

단단하게 단단하게

뼈처럼 굳게 다져간다지

오직 추수를 기다림으로만

추수된 볏단들이 단으로 묶여 농부의 손에 들려질 무렵
그리고 방앗간에서 알곡과 쭉정이로 갈라질 그 때
미쳐 그 볏속을 알곡으로 다 채우지 못한 한 알의 벼는
무수한 다른 알곡이 벗어놓은 누런 껍질 사이로
던져지며 떨어지는 자신을 발견한다지
다시 채울 수 없는 그 한 알의 껍질을

- '벼'시 전문

"목적"시에서는 "찾을 것 그리고 살 것"에 이르러, 시인은 다시 근원적 질문 앞에 선다. 살아 있다는 건 무엇인가? 왜 살아야 하는가?

누군가를 기다리는 일은 이토록 고요하고도 고통스러운가? 이 시집은 끝내 종교적 신념 안으로 작은 촛불을 들고 들어간다. 그러나 그것은 교리적인 신앙이 아니라, '살아남기 위한 믿음'이다. 광야 한가운데, 홀로 남은 존재를 바라보는 그 분 — 그 시선 이야말로 모든 상처의 근거이자, 유일한 치유의 근거다. 시의 언어는 감정을 앞세우지 않는다. 그러나 그것은 차가움이 아니라, 깊이 웅크린 진심에서 우러나오는 시어들로 가득차 있다. 이것이 송 시인 시의 매력이다. 세련된 기교이 시어들이 아닌 진심에서 건져 올린 시어들이 사람

들의 마음을 충분히 울리고 공감을 가져다 준다.

> 살아있는 어떤 것을 보았어
> 들판에 흐드러져 피어 있는 꽃들
> 곳곳에 흩어져서 아무 말 없이 우는
> 눈물을 기다려 주는 나무들
> 막 떠오르는 거대한 태양을 향해
> 낮은 물가를 달리는 사슴들
> 그것들은 왜 살아 있는 것일까
> 그네들 모두는 하늘을 보고
> 하늘 또한 그들을 보고
> 분명 우리가 모르는 무언가를 나누며
> 하루를 보내고 있을 거야
> 머리카락 같이 가는 한 가닥
> 근심도 없이
> 그냥 살아만 있어 주면 되는
> 그 떠나온 어떤 것에게
>
> -'목적' 전문

'찾을 것 그리고 살 것' 시는 송 시인의 시세계를 대표할 수 있는 시중에 하나로 읽힌다. 이 시는 붉은 협곡

아래, 생을 부르는 목소리가 담겨 있다. 얼마나 오래 서 있었을까. 시간이 흐르지 않는 곳, 아니, 시간조차 돌아오기를 거부한 그 어둠의 문턱에서. 시인은 '기다림'이라는 단어로는 도저히 다 설명할 수 없는 한 존재의 절박한 생존의 기록을 느끼게 한다. 그 기다림은 구체적이다. 돌아오지 않는 아들, 그 실재하는 부재 앞에서 한 여인의 흰 치마가 마르고, 그 두 다리가 서 있는 시간의 마디마다 삐걱이는 뼈마디 같은 고통이 있다. 눈물은 말라 협곡이 되었고, 살은 패이고 굳어져 붉게 타들어 간다. 기다림은 더 이상 감정이 아닌 육체의 지층으로 침식된다. 그러나 이 시는 절망으로 끝나지 않는다. 마지막 한 줄, "찾으라 나를 그리고 살라" 이 한 줄이 모든 어둠의 풍경 위에 던져진 빛의 명령으로 들린다. 이것은 단순한 위로가 아니다. 누군가, 아니 '그분'이 절벽 끝에 선 존재에게 건네는 궁극의 부름이다. 신앙의 언어로 도열한 이 문장은 존재의 끝자락에서 들려오는 살아야 할 이유이자 살 수 있는 길이라고 해석할 수 있다.

이 시는 마치 성경 속 아모스서의 폐허 위에서 예언자의 입으로 다시 들려오는 음성처럼 들린다.

찾으라, 그리고 살라.

"Seek me and live."

죽음 같은 기다림 속에서도 "찾을 것"이 있다면, 그 순간부터 우리는 다시 "살 수" 있는 존재가 된다. 시인의 언어는 고백을 넘어 남겨진 자들의 신학을 말한다. 절단된 시간, 마른 살, 텅 빈 집, 그러나 그 끝에서도 삶의 방향은 위로 향한다. 고통은 피할 수 없되, 고통 속에서도 길은 열릴 수 있다는 깊은 신뢰가 이 시를 움직이는 힘이다. 시인은 말하지 않는다, "희망을 가지라"고. 그는 대신, '찾으라'고 말한다.

그리고 '살라'고 명한다. 이 짧은 시는 그래서 기도이자, 예언이자, 생명에 대한 무한한 신뢰를 느끼게 한다. 삶이란, 부름에 응답하는 방식이다. 돌아오지 않는 자를 기다리는 일일지라도, 우리는 여전히 살아야 한다. 찾으며, 살아야 한다. 시인의 목소리를 듣는다.

얼마나 서 있었던 것일까

돌아오지 않는 시간 앞에서

그 어둠의 문 앞에서

서성거리며

오랜 기다림의 눈물로 굳어져 내린

붉은 협곡같은 눈 밑의 살들

돌아오지 않는

돌아오지 않는

아들을 기다리는

마르게 펄럭이는 흰 치마에 가는 두 다리를

삐그덕 거리는 그 시간들을

더듬어 닫는 그 노모의 눈을

찾으라 나를

그리고 살라*

- '찾을 것 그리고 살 것' 전문

  이민, 그 경계에 선 존재로서의 삶. 자연, 그 모든 생을 품는 어머니 같은 품.

  믿음, 보이지 않는 손에 기대어 서는 마지막 희망. 이 시들은 떠났으되 잊지 않은 사람들의 이야기이며, 뿌리 뽑혔으되 다시 피어난 사람들의 증언이다. 그런 점에서 송순례 시인의 시는 곧 삶을 향한 복원력의 시학이다. 무너진 땅 위에 다시 쌓아올리는 고요하고 단단한 언어의 집. "그 들풀들 하늘만 바라보며 웃고만 있었네" 이제는, 그 웃음이 우리의 것이 되기를 바라는 희망이 그의 시를 읽으며 갖게 되는 기쁨이다.

그 들풀들 하늘만 바라보며 웃고만 있었네

초판 발행   2025년 9월 30일

저　　자 · 송순례
발 행 인 · 한은희
편　　집 · 조혜련

펴낸곳 · 책봄출판사
주　　소 · 경기도 고양시 덕양구 통일로 1276-8 (킹스빌타운 208동 301호)
　　　　　서울 중구 새문안로 32 동양빌딩 5층 (디자인 사무실)
전　　화 · (010) 6353-0224
블로그 · https://blog.naver.com/anjh1123
이메일 · anjh1123@nate.com
등　　록 · 2019년 10월 7일 제2019-0000156호
ISBN 979-11-992516-3-2 03810

· 책값은 뒤표지에 있습니다.